आपणी बोली

मेवाड़ी कहावतें कवित्त रूप में

नेहा दशोरा

BookLeaf Publishing
India | USA | UK

Made with ❤ on the BookLeaf Publishing Platform
www.bookleafpub.in
www.bookleafpub.com

Dedication

मेवाड़ी कहावतां म्हारा परिवार की थाती हे। याने हुणबोल न मां मोटा व्या हां। माका नाना-नानी, दादा-दादी, पापा अन सब परिवार ऊं ये कहावतां हीखी हे। पण म्हारी मम्मी की बातां बेजोड़ ही। वांकी ये बातां माके मईने बसी तकी हे।
मेवाड़ी ज्ञान की गंगा मूं एक छुगली आपके बाते प्रस्तुत हे। यो संकलन म्हारी मम्मी ने, परिवार का हगळा मोटा मनखां ने अन आपणी मेवाड़ी ने समर्पित करूं हूं।

Preface

यह पुस्तक केवल मेवाड़ी कहावतों का संकलन नहीं है। इसमें मैंने मेवाड़ी कहावतों को कवित्त रूप में कहने की कोशिश की है। मेवाड़ी हमारे जीवन का अभिन्न अंग है क्योंकि इसे सुन बोलकर हम बड़े हुए हैं। उसी ज़बान को सम्मान देने और अधिक से अधिक लोगों तक पहुंचाने की यह छोटी सी शुरूआत है, क्योंकि यदि हम लोकभाषा और संस्कृति को आगे नहीं बढ़ाएंगे तो धीरे धीरे यह खो सकती है। आशा है भाषा की इस सेवा को आप सभी स्वीकार करेंगे और अपने हृदय और पुस्तक संग्रह दोनों में स्थान देंगे।

प्रथम भाग में पचास कहावतें कवित्त रूप में संकलित हैं, दूसरा भाग जल्दी लाने की कोशिश रहेगी। प्रोत्साहन बनाए रखें।

Acknowledgements

ईश्वर, गुरुजन, परिवारजन जिन्होंने आज जो भी हूं वो होने में जैसा भी योगदान किया।

मम्मी, पापा, मेरी दोनों बहनें, जो मेरी हस्ती का मूल हैं।
नाना-नानी जिन्होंने हमेशा विश्वास जताया।
शशिकांत जी, जयप्रकाश जी जिन्होंने बेशर्त साथ दिया।
रिदम ऋषि जिनसे जीवन का ज्ञान और प्रोत्साहन प्राप्त हुआ।
मुझ पर विश्वास रखने और निराशा से खींच निकालने वाले मित्रगण जो संख्या में कम हैं पर काफी हैं।

१.

कहावतः

नाच कूद न मोरयो,
पगां हामे नाळे।
या तो भई हांच हे,
इने कुण टाळे।

आशयः

इंसान को अपनी वास्तविकता का सदैव ध्यान और भान होना चाहिए। क्योंकि अपने वास्तविक स्वभाव अथवा परिस्थिति में ही उसे जीना है। अंततः धरातल पर आना ही होता है। अतः अपनी परिस्थितियों के अनुकूल आचरण करना चाहिए।

२.

कहावतः

देखो या अणुती बई,
बेंगण ऊं माथो फोड़े।
ईको तो कई बगड़े नी,
ओरां ने झंझोड़े।

आशयः

कुछ लोग स्वयं को दुखित बताने के लिए अपनी समस्याओं को अधिक बढ़ा चढ़ा कर दूसरों को दुविधा में डालते हैं। जबकि समस्या इतनी बड़ी नहीं होती लेकिन उसे प्रस्तुत इस तरह किया जाता है जैसे वो बहुत बड़ी हो। जैसे बैंगन से डर फोड़ना, जिसमें खुद को तो कोई चोट नहीं लगते लेकिन देखने वाला दुविधा में आ जाता है।

३.

कहावतः

अधभण्यो मनख वे,
जो घर कां ने खावे।
पूरो तो जाणे नी,
कई को कई बतावे।

आशयः

अल्पज्ञानी या अर्धज्ञानी मनुष्य सभी के लिए समस्या उत्पन्न करता है।

४.

कहावतः

आप तो खावे काकड़ी,
दूजा ने दे आकड़ी।
अस्या मनखां की मत हुणजो,
जीमो पापड़ - पापड़ी।

आशयः

कुछ लोग खुद जो काम करते हैं, उसी के लिए दूसरों को मना करते हैं।

५.

कहावत:

बाबाजी ऊं लड़णो न,
राखोड़ी में भरणो।
परपंच ऊं परे हे जो,
वींको कई बगड़णो।

आशय:

जो व्यक्ति दुनिया के प्रपंचों से मुक्त है उसे लड़ाई झगड़ा करके हराया नहीं जा सकता। क्योंकि उसे कोई भय, क्रोध या मोह नहीं है। वह इन सबसे प्रभावित नहीं होगा।

६.

कहावत:

थूं ई राणी न,
मूं ई राणी।
कुण तो दोरो वे,
कुण भरे पाणी।

आशय:

जब हर व्यक्ति खुद को श्रेष्ठ समझ कर कोई कार्य न करना चाहे तब ये कहावत प्रयुक्त होती है।

७.

कहावतः

मनकी तो लाय में,
कोनी बळ्यां करे हे।
तरकीब ऊं निकल जा,
यूं तो फरती फरे हे।

आशयः

ऐसा व्यक्ति जो मुसीबत आने पर सबसे पहले वहां से निकल जाता है, जैसे बिल्ली हमेशा तो चक्कर काटती रहेगी पर आग लगने पर सबसे पहले भागती है।

८.

कहावत:

कदी घी घणा,
कदी मुट्ठी चणा।
हरती फरती छाया हे,
थरता राखो सब जणा।

आशय:

मनुष्य का समय कभी एक सा नहीं रहता। कभी अभाव तो कभी समृद्धि जीवन का भाग है। इनसे अति प्रभावित हुए बिना समभाव से स्वीकार कर आवश्यक कर्म करते रहना चाहिए।

९.

कहावतः

फरे हे जो चरे हे,
बंध्यो भूका मरे हे।
सुख साधन पावे वेई,
जो उद्यम करे हे।

आशयः

घूमते फिरते रहने वाला पशु चरेगा भी जबकि एक जगह बंधा हुआ पशु भूखा ही रहेगा। इसी प्रकार जो मनुष्य मेहनत और प्रयास करेगा वही लाभान्वित होगा।

१०.

कहावतः

दो पईस्या की हांडी फूटी,
पण गंडक की वी पछाण।
मनख ने जो जाण सको तो,
कई नी हे थोड़ो नुकसाण।

आशयः

थोड़ा नुकसान पाने के बाद भी अगर सामने वाले व्यक्ति की असली फितरत सामने आ जाए तो वह फायदे का ही सौदा है। क्योंकि असलियत ना जान पाने पर उससे बार बार धोखा मिल सकता है।

११.

कहावत:

हो का बली,
वे जावे हेंती।
आपणे डगणो कोनी,
नी करणी हेठी।

आशय:

चाहे कितना भी नुकसान हो जाए पर अपनी बात से ना डिगने पर ये कहावत प्रयुक्त होती हे।

१२.

कहावत:

आप ई तो पोवे,
आप ई उथेले।
करवा दो जो करता वे,
चालो आपणे गेले।

आशय:

कोई व्यक्ति जब अपने ही मन से बात बना कर खुद ही उसके मनचाहे अर्थ निकालने लगे तब यह कहावत प्रयुक्त होती है।

१३.

कहावतः

पामणा ऊं हांप मरावे,
घर कां ने भंभोड़ खावे।
काम तो हमटे कोनी,
पसारो ओर बदावे।

आशयः

किसी व्यक्ति से कोई काम करने को कहा जाए और वह काम को और बढ़ा दे तब यह कहावत प्रयुक्त होती है।

१४.

कहावत:

गोयली का जाया सब,
खरदरा का खरदरा।
आदतां छूटे कोनी,
रोवो बली कतरा।

आशय:

किसी मनुष्य के स्वभाव और प्रकृति सामने आ ही जाते हैं। मनुष्य के परिवार के संस्कार उसमें दिखाई दे ही जाते हैं।

१५.

कहावतः

नींद ने बेच ओझको,
मोल मत लीजे।
जीमे जीव राजी नी,
अस्यी हां मत कीजे।

आशयः

जिस काम को मन नहीं माने वो नहीं करना चाहिए।

१६.

कहावत:

क्यारो पीतो पीतो,
भाया आईज रियो हे।
होच विचार राखजो,
थां कई कई क्यो हे।

आशय:

मनुष्य को अपने दूसरों के लिए अपने शब्द और कर्म सोच विचार कर कहने और करने चाहिए क्योंकि वो पलट कर ज़रूर आते हैं।

१७.

कहावतः

आटा का दिवाण्या,
नी वेणो आपणे।
घर में खेंचे ऊंदरा,
कागला खावे बारणे।

आशयः

जो लोग अति संवेदनशील होते हैं वे हर जगह परेशान रहते हैं।

१८.

कहावतः

घोड़ा न गदेड़ा,
एक लाकड़ी ऊं मत हांको।
मनख ने परख जो,
डोडो हे क बांको।

आशयः

हर व्यक्ति का स्वभाव और समझ अलग अलग होती है। इसलिए हर एक को उसके अनुरूप ही समझाया जाना चाहिए।

१९.

कहावतः

ओछो जो मले तो,
ओछो ई खाणो।
वतरो ई खरचणो,
जतरो कमाणो।

आशयः

मनुष्य को अपनी चादर के अनुसार पैर फैलाना चाहिए। अपने खर्चे अपने कमाई के अनुसार सीमित रखने चाहिए।

२०.

कहावत:

हुई मूं हाथी निकळ ग्यो,
कीड़्यां फस गी बापड़ी।
मोटी मोटी राड़ा टळ गी,
छोटी क बात पे जा अड़ी।

आशय:

बड़े बड़े मसले अनदेखे रह जाते हैं पर एक छोटे से मुद्दे पर बात अटक जाए तब इस कहावत का प्रयोग होता है।

२१.

कहावत:

जमानो तो सकल देख,
तलक करयां करे हे।
जीके पां जतरो वे,
वीके वतरो भरे हे।

आशय:

दुनिया में सम्मान या धन भी सामने वाले की हैसियत के अनुसार ही दिया जाता है। जिसके पास अधिक है उसी पर अधिक लुटाया जाता है। यही दुनिया का दस्तूर है।

२२.

कहावत:

आपणा कीदा करम हे,
कई करेगा भोपो।
आपणो जीवन आप हुदारो,
दूजा ने मत हॉपो।

आशय:

अपने जीवन में होने वाली घटनाओं के हम स्वयं ज़िम्मेदार हैं। इसके लिए दूसरों को दोष नहीं दिया जा सकता। ना ही कोई और हमारे जीवन को बना या बिगाड़ सकता है, उसके लिए हमें ही कर्म करना होगा।

२३.

कहावतः

परबारे ई ये तो,
पूणा चार हे सा।
पूछणो ताछणो कई नी,
सब त्यार हे सा।

आशयः

जब कोई व्यक्ति बगैर किसी से सलाह लिए कोई काम करे तब यह कहावत प्रयुक्त होती है।

२४.

कहावतः

हूक न हांठो वेग्या,
काओ की बात हे।
शरीर ने खजावे जो,
बात नी या घात हे।

आशयः

जब कोई व्यक्ति किसी चिन्ता में घुला जा रहा हो तब यह कहावत प्रयुक्त होती है।

२५.

कहावतः

गोयरा का भाग ऊं,
पीपळो जा पड्यो।
करम तो करे कोई,
भुगत कोई ओर रियो।

आशयः

किसी के कारण किसी और को दुख देखना पड़े तब यह कहावत प्रयुक्त होती है।

२६.

कहावत:

खाली बातां ऊं तो,
बघार कोनी लागे।
काम धाम करणो पड़े,
जदी छुल्लो जागो।

आशय:

सिर्फ बातें बनाने से घर नहीं चलता। उसके लिए काम करके कमाना पड़ता है।

२७.

कहावतः

अठे ई तो डाकण्यां को खेलणो,
अठे ई भूतां को वासो।
हेंगळगोत हे हगळा,
कई छोड़ो कई राखो।

आशयः

जब कई विपरीत प्रकार के कार्य एक ही जगह हो रहे हों तो यह कहावत प्रयुक्त होती है।

२८.

कहावतः

भेस्यां का ठाण में,
भागवत कोनी बंचावे।
कतरो ई जतन करो,
चेतो वठे खंचावे।

आशयः

किसी भी कार्य को करने का एक निश्चित स्थान होता है। हर कार्य हर जगह नहीं किया जा सकता। जैसे पढ़ाई या स्वाध्याय के लिए शांत वातावरण की आवश्यकता होती है।

२९.

कहावतः

रोयां राज, मांगी मोत,
केवो कीने मली हे।
आपणो करम करता रेवो,
हरी इच्छा बली हे।

आशयः

मांगने से कुछ नही मिलता। भाग्य भी बड़ी चीज़ है। मनुष्य सिर्फ कर्म कर सकता है लेकिन सदैव इच्छित परिणाम मिले यह आवश्यक नहीं।

३०.

कहावतः

भींज्या ने निचोणो हे,
ओर कर सको कई।
ईं पसारा ने अवेरो,
ऊबा ऊबा तको कई।

आशयः

अगर परिस्थितियां प्रतिकूल या बिगड़ी हुई हैं तो उन्हें सम्हालने की कोशिश ही की जा सकती है उस पर आँसू बहाने से कोई लाभ नहीं।

३१.

कहावतः

भरया हाथ हल्डको,
ले लेणो छावे।
मोको जो देख लो,
डेळ नी रेणो छावे।

आशयः

बहती गंगा में हाथ धोना के समान ही इस कहावत का आशय है। अर्थात मौका लगने पर अपना काम कर लेना चाहिए

३२.

कहावतः

खांद्यो खांद दे सके,
लारे थोड़ी बळे हे।
झेलो लगा देवे लोग,
करणो तो खुद पड़े हे।

आशयः

हमारे आस-पास के लोग हमारे काम में मदद कर सकते हैं लेकिन उसे पूरा करने के लिए मेहनत तो हमें ही करनी पड़ेगी।

३३.

कहावतः

जठे का मरया,
जठे ई ज बळे।
जठे आपां बस्यां हां,
वठेऊं ई ज काम हरे।

आशयः

अपने स्थानीय सुविधाएं और संसाधन ही श्रेष्ठ होते हैं क्योंकि हमारा काम उन्हीं से चलता है।

३४.

कहावतः

छड़ी बाजे घम-घम,
विद्या आवे छम-छम।
जो बाळक भणे कोनी,
देणी पड़े धमाधम।

आशयः

कभी कभी बच्चों को पढ़ाने और अनुशासन में रखने के लिए सख्ती आवश्यक हो जाती है। हांलाकि आज का परिवेश काफी अलग है, परंतु ये कहावत आज भी प्रासंगिक है।

३५.

कहावत:

छाती हांटे बाटी मले,
या संसार की रीत हे।
जतरो मोटो जोखम लेवो,
वतरी मोटी जीत हे।

आशय:

जीवन में कुछ भी मुफ्त नहीं मिलता, हर चीज़ की कीमत चुकानी होती है। जैसे कि अंग्रेज़ी में कहावत है, 'THERE IS NO FREE LUNCH'.

३६.

कहावतः

चियां को पाणी कदी,
मंगरया नी छड़े।
जस्यी रीत वस्यो काज,
ऊंदा चालो तो फोड़ा पड़े।

आशयः

दुनिया के अधिकतर काम काज सर्वमान्य तरीकों से ही किए जाने ठीक रहते हैं।

३७.

कहावतः

चत चंगेड़ी मन माळवे,
हियो तो हाड़ोती जावे।
अठे वठे डोलतो चेतो,
अस्या में काज नी सरावे।

आशयः

यदि मन में एकाग्रता न हो तो कोई भी कार्य ठीक से नहीं हो सकता।

३८.

कहावतः

छाया तो छीतरी की,
बी भली वेवे सा।
ओछो बली बत्तो वे,
सुख तो सुख हे सा।

आशयः

छोटी सी आस या सुख के कुछ क्षण भी मनुष्य को काफी राहत दे जाते हैं।

३९.

कहावतः

छोटो कुवो लेणो,
तो घणो खवावे।
हापटो नी भरणो,
काम जदी पोसावे।

आशयः

कोई भी कार्य या वस्तु अपनी आवश्यकतानुसार या जितना समेट सकें उतना ही हाथ में लेना चाहिए।

४०.

कहावत:

छाने बुलायो हो न,
ऊंट पे छड़ आया।
जठे हाको नी करणो,
चुप राजे भाया।

आशय:

हर बात शोर मचा कर सबको बताई नहीं जाती।

४१.

कहावतः

कई तो थो चीकणा,
न कई कुराड़ा भोंटा।
एक ऊं एक बदे हे,
कीने केवो खोटा।

आशयः

जब हर कोई समस्या खड़ी करने में एक से बढ़कर एक योगदान दे रहा हो, तब यह कहावत प्रयुक्त होती है।

४२.

कहावतः

जबरो मारे जो तो मारे,
रोवा बी नी देवे।
जींके पां जोर वे,
वीने कुण कई केवे।

आशयः

बलशाली व्यक्ति के अत्याचार भी चुपचाप सहन करने पड़ते हैं।

४३.

कहावतः

थूं राखजे लाकड़ी,
मूं राखूं टेक।
ओरां के हामे लड़ां,
पाछूं दोई एक।

आशयः

दो लोग दुनिया के सामने तो विपरीत दिखें परंतु पीछे से एक हों तो ये कहावत प्रयुक्त होती है।

४४.

कहावतः

हाथी का पग में,
सबको पग मावे।
पाटवी के नूता में,
सब कुटुंब आवे।

आशयः

घर के मुखिया को दिया गया न्यौता पूरे परिवार के लिए मान्य होता है।

४५.

कहावत:

जो धन जातो जाणजे,
आदो दीजे बांट।
दान की महिमा हे घणी,
दान बदावे ठाट।

आशय:

यदि धन की हानि रोकनी हो तो दान करना चाहिए। दान करने से धन धान्य में वृद्धि होती है।

४६.

कहावतः

जाया जींका पूत केवावे,
कात्या जींका हूत केवावे।
मोड़ो बेगो वे सके पण,
कीदो काज जस देवावे।

आशयः

देर से ही सही पर किये हुए कार्य का यश या परिणाम मिलता ही है।

४७.

कहावतः

जुआं आगे जबलो,
कोनी फेंकणी आवे।
खराबी ने काड़ परो,
चीज ने बचावे।

आशयः

किसी वस्तु या व्यक्ति में कोई खराबी आ जाने पर सिर्फ खराबी को ही दूर किया जाए वस्तु या व्यक्ति को नहीं।

४८.

कहावतः

जो जाणे हे,
सो ताणे हे।
अजाण बिचारी,
काओ कई बखाणे हे।

आशयः

ज्ञानी व्यक्ति ही दूसरों को ज्ञान देने के काबिल होता है।

४९.

कहावतः

एक तो अंदारी रात,
फेर तल काळा।
अस्या जोग जदी वे,
कस्यां हमाळो लाला।

आशयः

जैसे अंधेरी रात में काले तिल दिखाई नहीं देते वैसे मुसीबत पर और मुसीबत आने पर मन विचलित होने लगता है।

५०.

कहावतः

कण कण जोड्यां,
मण जुड्यां करे हे।
बूंद-बूंद करतां,
भांडो भरया करे हे।

आशयः

छोटी छोटी बचत ही धीरे धीरे बड़ी राशि बनाती है।

धन्यवाद

www.ingramcontent.com/pod-product-compliance
Lightning Source LLC
Chambersburg PA
CBHW070647240926
51846CB00003BA/815
9789375272991